ALADIN,

ou

LA LAMPE MERVEILLEUSE.

Les Paroles sont de M. ***.
La Musique est de Nicolo et de Benincori.
Les Ballets sont de M. Gardel.

ALADIN,

OU

LA LAMPE MERVEILLEUSE,

OPÉRA FÉERIE

EN CINQ ACTES,

Représenté pour la première fois sur le Théâtre de l'Académie Royale de Musique, le 6 février 1822.

Prix, 2 francs.

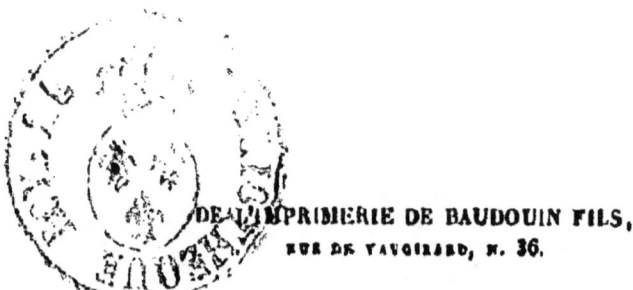

DE L'IMPRIMERIE DE BAUDOUIN FILS,
RUE DE VAUGIRARD, N. 36.

PARIS.

ROULLET, LIBRAIRE DE L'ACADÉMIE ROYALE DE MUSIQUE,
ET DU THÉATRE ROYAL ITALIEN,
RUE DES BONS-ENFANS, N° 26.

1822.

Cet ouvrage a été reçu en 1815. Nicolo ne l'avait pas terminé quand une mort prématurée vint l'enlever à la scène lyrique. Ce compositeur si ingénieux et si fécond trouvait dans ce sujet des contrastes qui lui paraissaient d'un grand effet lyrique et théâtral, et il se plaisait dans les derniers temps de sa vie à chanter les morceaux qu'il avait composés; une multitude de personnes se rappellent l'avoir entendu les exécuter lui-même avec cette chaleur brûlante et ce talent original qu'il avait reçus de la nature.

Bénincori, compositeur plein de goût qui a fait ses preuves en Allemagne et en Italie, et dont on connaissait en France quelques opéras-comiques d'une facture large et savante, fut désigné par les amis de Nicolo et de l'auteur du poëme, comme éminemment propre à terminer l'ouvrage. Il s'en occupa avec beaucoup de zèle, et il y a à peu près deux ans qu'il l'avait fini. Mais, atteint depuis long-temps d'une maladie de foie, il y a succombé le mois dernier, et il n'a pu suivre que les répétitions préparatoires.

M. Habeneck, directeur de l'Opéra, dépositaire de ses intentions, a bien voulu se livrer au travail fatigant des répétitions, faire les coupures et les additions qui sont toujours indispensables; il y a mis une activité, une obligeance extrêmes, et il a fait les plus généreux efforts pour faire valoir autant qu'il était en lui le faible héritage de deux veuves.

ACTEURS ET ACTRICES

CHANTANT DANS LES CHOEURS.

PÊCHEURS.

Haute-contres. MM. Gousse, Courtin, Gontier. — *Tailles.* MM. Ménard, Léger, César. — *Basses.* MM. Rey, Richetaux, Bouvenne.

SUITE DU CADI.

Haute-contres. MM. Gaubert, Vaillant, Lallement. — *Tailles.* MM. Martin, Murgeon, Legros. — *Basses.* MM. Picard, Prévôt, Levasseur.

SUITE DE TIMORKAN.

Basses. MM. Picard, Prévôt, Ducauroy, Lecocq, Levasseur, Gaudefroi. — *Haute-contres.* MM. Vaillant, Laussel, Lallement, Monneron. — *Tailles.* MM. Martin, Trévaux, Bégrez, Legros.

SUITE D'ALADIN.

Basses. MM. Rey, Guignot, Bouvenne, Royer, Richetaux, Goyon, Sallard, Esmery, Forgues. — *Haute-contres.* MM. Gaubert, Gousse, Courtin, Gontier, Sylvain. — *Tailles.* MM. Ménard, Léger, César, Murgeon, Guyon. — *Premiers dessus.* Mmes Chevrier, Vallain, Proche, Lorotte, Blangi, Fenouillet, Thomassin. — *Deuxièmes dessus.* Mmes Imm, Cantagrel, Maze, Dussart, Delboi, Batailliard, Virginie Lecocq.

DAMES DE LA SUITE D'ALMASIE.

Mmes Lachnith, Lacombe, Augusta, Level, Gallet, Lafond, Lebrun, Falcos, Ménard 1re, Ménard 2e, Groneau, Gambin.

GÉNIES TÉNÉBREUX.

MM. Picard, Prévôt, Rey, Guignot, Bouvenne, Royer, Ducauroy, Lecocq, Levasseur, Richelaux, Goyon, Gaudefroy, Sallard, Esmery, Forgues.

PERSONNAGES DANSANS.

ACTE PREMIER.

GÉNIES DE LA LAMPE.

MM. Ropiquet, Crombé, Daumont, Rousselot, Callault, Fremolle Finard, Portheau.

Mlles Mangin, Noblet 2e, Bertrand 1re, Maillet, Coupotte, Constance, Fitzames, Leroux 1re, Rousseau 1re, Leroux 2e, Campan, Aline 2e, Picot, Bougleux, Guet, Péan, Berry, Didier.

ACTE II.

SUITE DU CADI.

MM. Gallais, Bense, L'Enfant 1er, Châtillon, Vincent, L'enfant 2e, Guillet, Isembert.

ARMÉE D'ALADIN.

1er PELOTON.

Mlle Bigottini.

Mlles Adelaïde, Montjoye, Aline, Ferdinand, Darmancourt, Saint-Victor.

2e PELOTON.

Mlle Fanny.

Mlles Greiner, Joly, Bassompierre, Levasseur, Ganne, Athalie.

3ᵉ PELOTON.

M. Ferdinand.
MM. Groneau, Pillain, Ambroise, Gondouin.

4ᵉ PELOTON.

Mˡˡᵉ Vigneron.
Mˡˡᵉˢ Bertrand, Rousseau, Aubert, Beaupré, Noblet 2ᵉ, Maillet.

5ᵉ PELOTON.

Mˡˡᵉ Aubry.
Mˡˡᵉˢ Baudesson, Pensard, Brécour, Fourcidi.

6ᵉ PELOTON.

M. Richard 1ᵉʳ.
MM. Daumont, Rousselot, Crombé, Ropiquet, Callault, Petit 2ᵉ.

7ᵉ PELOTON.

Mᵐᵉ Élie.
Mˡˡᵉˢ Podevin, Proche, Lemonier, Leclerc, Anquetil, Rousseau 2ᵉ.

8ᵉ PELOTON.

M. Paul.
Mˡˡᵉˢ Angéline, Seuriot 1ʳᵉ, Peres, Kaniel.

9ᵉ PELOTON.

Mˡˡᵉ Bertin.
MM. Richard 2ᵉ, Mignot, Lefebvre, Petit 1ᵉʳ, Pupet, Faucher 1ᵉʳ.

10ᵉ PELOTON.

Mˡˡᵉ Hullin.
Mˡˡᵉˢ Legallois, Seuriot 2ᵉ, Nadekor, Brocard 2ᵉ.

11ᵉ PELOTON.

Mᵐᵉ Paul-Montessu.
Mˡˡᵉˢ Aline 2ᵉ, Guet, Constance, Campan, Le Roux 1ʳᵉ, Berry.

ACTE III.

PERSONNAGES NOBLES OU PRINCES DE LA COUR D'ALMASIE.

MM. Seuriot, Romain, Godefroy, Élie, Rivière, Alerme.
Mmes Adelaïde, Montjoye, Aline 1re, Ferdinand, Darmancourt, Saint-Victor.

PERSONNAGES GRACIEUX.

M. Paul; Mmes Bigottini, Fanny.
MM. Petit 1er, Pupet, Faucher 1er, Richard 2e, Mignot, Lefebvre.
Mlles Greiner, Joly, Beaupré, Athalie, Bassompierre, Levasseur.

PERSONNAGES DE CARACTÈRE DÉCIDÉ.

M. Ferdinand; Mlle Hullin.
MM. Groneau, Guiffard, Rousselot, Crombé, Daumont, Olivier.
Mlles Aubert, Bertrand 1re, Rousseau 1re, Berry, Leroux 1re, Mangin.

BAYADÈRES.

Mmes Bertin, Vigueron, Aubry.
Mmes Naderkor, Brocard 2e, Seuriot 1re, Peres, Baudesson, Brécourt, Seuriot 2e, Legallois, Angéline, Pensard, Kaniel, Fourcisi.

ACTE V.

NOBLES.

M. Gosselin; Mmes Élie, Buron.
MM. Seuriot, Godefroy, Rivière, Alerme.
Mmes Adelaïde, Aline 1re, Darmancourt, Saint-Victor.
MM. Romain, Élie, Faucher 1er, Mignot.
Mmes Montjoye, Ferdinand, Greiner, Bassompierre.

GRACIEUX.

M. Coulon ; Mmes Marinette, Aimée.
M. Montessu ; Mlle Bertin.
MM. Petit 1er, Pupet, Richard 2e, Lefebvre.
Mmes Pensard, Athalie, Joly, Levasseur.

COMIQUES.

M. Richard 1er ; Mme Paul-Montessu.
MM. Péqueux, Gallais, Bassin, Faucher 2e.
Mmes Baudesson, Ganne, Brécourt, Fourcisi.

JEUNES FEMMES AVEC DES GUIRLANDES.

Mlles Naderkor, Brocard 2e, Seuriot 2e, Legallois, Angéline, Seuriot 1re, Peres, Kaniel.

NÈGRES.

M. Capelle.
MM. Ropiquet, Rousselot, Daumont, Callault, Ragaine 2e, Crombé, Petit 2e, Fremolle, Olivier, Châtillon.
Mlles Noblet, Rousseau 1re, Campan, Mangin, Keppler 1re, Guet, Leroux 1re, Didier, Péan, Cava.

ALADIN,

ou

LA LAMPE MERVEILLEUSE.

PERSONNAGES.

ALMASIE, reine d'Ormus, — M#lle# GRASSARI.
ZULIME, sa suivante, — M#lle# REINE.
ALADIN, pêcheur, — M. NOURRIT.
ZARINE, sa sœur, — M#lle# JAVARECK.
THÉMIRE, leur mère, — M#lle# PAULIN.
TIMORKAN, roi de Candahor, — M. DESRIVIS.
ISMÉNOR, génie, — M#lle# CAROLINE LEPI.
LE CADI, — M. LAIS.
UN GÉNIE. — M. BONEL.
Suite de Timorkan.
Suite de la Reine.
Suite d'Isménor.
Génies des ténèbres.

La scène est à Ormus.

ALADIN,

ou

LA LAMPE MERVEILLEUSE.

ACTE PREMIER.

Le théâtre représente l'intérieur d'une pauvre chaumière construite en bois.

SCÈNE PREMIÈRE.

(Il est à peine jour.)

ALADIN, ZARINE, THÉMIRE, *dormant.*

(TRIO.)

THÉMIRE, *s'éveillant.*

Zarine!... Zarine!

ZARINE.

Ma mère.

ALADIN.

THÉMIRE.

Voilà le jour.

ZARINE.

Oui, je le voi.

THÉMIRE.

Allons, allons, éveille-toi.

ZARINE.

Bonjour, ma mère.

THÉMIRE.

Embrasse-moi;
Mon enfant, réveille ton frère.
On annonce le jour du haut des minarets :
Il faut retirer nos filets.

ZARINE.

Aladin!... Voyez s'il s'éveille!

THÉMIRE.

Pauvre garçon! comme il sommeille!

ALADIN, *rêvant.*

C'est la princesse,... je la voi.
Belle Almasie, écoutez-moi.

ZARINE.

Ah ! le voilà qui recommence.

ACTE I, SCÈNE I.

THÉMIRE.

Il rêve... Écoutons.

ZARINE.

Oui ; silence !

ALADIN, *rêvant.*

Donne à mon amour
Un léger sourire ;
Que je puisse dire,
Encore un beau jour !

ZARINE et THÉMIRE.

Il rêve encore à son amour.

ZARINE.

Allons, réveille-toi, mon frère.

THÉMIRE.

Aladin !

ALADIN.

Ah ! bon jour, ma mère.

ZARINE et THÉMIRE.

On annonce le jour du haut des minarets :
Il faut retirer nos filets.

ALADIN.

Que vous me causez de regrets !
J'étais aux pieds de la princesse,

Brûlant d'amour, de volupté ;
Et sa fraîcheur et sa jeunesse
Séduisaient mon cœur enchanté :
Je la pressais avec tendresse,
J'étais au comble de mes vœux ;
Elle partageait mon ivresse....
Vous m'avez éveillé....

THÉMIRE.

C'est vraiment malheureux.

ZARINE.

Mon frère, laisse là ta belle,
Et cours regagner ta nacelle.

ENSEMBLE.

On annonce le jour du haut des minarets.
Allons, du courage :
Retourne à l'ouvrage,
Et va retirer tes filets.

(Après le trio.)

THÉMIRE.

Cher Aladin, quelle folie !
Ton amour est sans espoir.

ALADIN.

Jamais beauté ne fut plus accomplie.

THÉMIRE.

Mais comment peux-tu le savoir ?

ACTE I, SCÈNE I.

D'après la loi parmi nous établie,
Un voile épais
Aux profanes regards dérobe tous ses traits.
Mon fils, telle est sa destinée;
Et malheur à l'audacieux
Qui, jusqu'au jour de l'hyménée,
Sur elle aurait levé les yeux.

ALADIN.

Moi, je l'ai vue.

THÉMIRE.

O ciel!

ZARINE.

Allons, il perd l'esprit.

ALADIN.

Rappelez-vous la nuit
Où le palais était en flammes.
J'accours; quand je la vois soudain
Paraître au milieu de ses femmes.
La frayeur agitait son sein
Que laissait entrevoir la gaze transparente.
Dieux! qu'elle était ravissante!
Elle errait d'un pas incertain
Parmi ses compagnes fidèles:
Elle brillait au milieu d'elles,
Comme l'étoile du matin.

THÉMIRE.

Regarde ta misère, et songe à sa puissance.

ALADIN.

On peut aimer sans espérance.

ZARINE.

Mais le grand Timorkan a demandé sa main.
 Dans le jour même il veut une réponse :
 C'est aujourd'hui que le conseil prononce.

ALADIN.

Je sais qu'il fait trembler la cour :
 Ma tendresse en est alarmée ;
 Il vient déclarer son amour
 A la tête de son armée.

ZARINE.

Mon frère, il faut te présenter ;
Peut-être que sur lui tu pourrais l'emporter.

ALADIN.

Entr'elle et moi je connais la distance.
Cependant on a vu de singuliers hasards....
Je puis même, ma sœur, te dire en confidence
Que j'ai de la princesse attiré les regards.

THÉMIRE et ZARINE.

Pour le coup, c'est de la démence.

ALADIN.

Vous le savez, les jardins du palais
De la mer bordent le rivage,
Et tous les jours sous leur ombrage
Elle vient respirer le frais.
Au rendez-vous je suis fidèle :
De ce côté toujours je conduis ma nacelle.
Hier j'eus le bonheur de m'en faire écouter.
Le croiriez-vous ? J'osai chanter
Des vers que j'avais faits pour elle,
Et que je vais vous répéter.

ROMANCE.

1er couplet.

Pour noble princesse
Un pauvre pêcheur
Porte dans son cœur
Amoureuse ivresse.
Espoir de retour
Ne peut le séduire ;
Pourtant il soupire
La nuit et le jour.

2e couplet.

Vers ces lieux s'avance
Un grand souverain,
Et tu dois demain
Être en sa puissance.
Las! à mon amour

Je te vois ravie :
Ah ! c'est de ma vie
Le dernier beau jour.

3e couplet.

Noble souveraine,
Tu vois mon tourment :
Parais un moment
Pour calmer ma peine.
Donne à mon amour
Un léger sourire :
Que je puisse dire,
Encore un beau jour.

CHOEUR DES PÊCHEURS.

Aladin ! du courage :
Allons, vite à l'ouvrage.
On annonce le jour du haut des minarets :
Allons retirer nos filets.

SCÈNE II.

THÉMIRE, ZARINE.

THÉMIRE.

Et nous, sans plus attendre,
Reprenons nos travaux.
Puissions-nous y trouver l'oubli de tous nos maux !
(On frappe à la porte.)

SCÈNE III.

(Au moment où elles commencent à faire des filets, on frappe vivement.)

Les mêmes, LE CADI et sa suite.

ZARINE et THÉMIRE.

Quel bruit se fait entendre!

LE CADI.

Ouvrez, c'est le Cadi.

ZARINE et THÉMIRE.

Juste ciel! le Cadi!

LE CADI.

Allons, sans plus attendre,
Il faut sortir d'ici.

ZARINE.

Quelle rigueur extrême!

LE CADI.

Le prince Timorkan arrive à l'instant même.
Il faut quitter votre maison.

THÉMIRE.

Juste ciel! pour quelle raison?

LE CADI.

Elle est sur son passage : il en est trois ou quatre
Qui du prince sublime arrêteraient les pas ;
  Mais je vais les faire abattre,
  Pour qu'il ne se détourne pas.

THÉMIRE.

O ciel! quitter notre demeure!

LE CADI.

Je suis un homme juste, et je vous donne une heure.
  Que tout soit prêt pour mon retour.
 Je vous l'ai dit; avant la fin du jour,
  Tout ce quartier doit disparaître.

THÉMIRE.

Mais il n'est habité que par des indigens....

LE CADI.

Justement : s'ils étaient ou riches, ou puissans,
  On y regarderait peut-être.

ZARINE.

 Hélas! que deviendrons-nous!

LE CADI.

  Il doit vous être doux
  De souffrir pour le maître
  Qui va régner sur nous.
  Il le saura peut-être :

Quel heureux sort pour vous!

Il doit vous être doux
De souffrir pour le maître
Qui va régner sur nous.
Adieu, consolez-vous.

(Il sort avec sa suite.)

SCÈNE IV.

THÉMIRE, ZARINE.

ENSEMBLE.

Oh! comble de misère!

ZARINE.

Que je vous plains, ma mère!

ENSEMBLE.

Hélas! que deviendrons-nous?

SCÈNE V.

THÉMIRE, ZARINE, ALADIN.

ALADIN.

Allons, essuyez vos larmes.
Plus de chagrins, plus d'alarmes :
Enfin nous allons être heureux.

ALADIN.

THÉMIRE.

Ah! notre destin est affreux!

ALADIN.

Sur ma barque j'étais à peine,
Et je pensais à tous mes maux,
Quand j'aperçois un malheureux qu'entraîne
Le rapide courant des eaux.
Sa perte me semblait certaine.
Je m'élance, je le saisis;
Et sentant doubler mon courage,
Je le porte sur le rivage,
Où mes soins empressés raniment ses esprits.
« Aladin, me dit-il, de ma reconnaissance
Accepte un gage précieux.
Il est de modeste apparence;
Mais, s'il n'éblouit pas les yeux,
Il n'en a pas moins de puissance.
Oui, ce talisman merveilleux,
Dont le pouvoir s'étend sur la nature entière,
Au sort le plus brillant te permet d'aspirer:
Tu n'as plus rien à désirer. »
Il disparaît alors, comme l'ombre légère;
Et moi, plein d'espoir et d'ardeur,
Je viens sous le sceau du mystère
Vous faire part de mon bonheur.

THÉMIRE.

Mais que peut cette lampe antique?

ZARINE.

Le présent n'est pas magnifique.

THÉMIRE et ZARINE.

Il ne changera pas notre malheureux sort.

ALADIN.

Il me suffit d'en presser le ressort.
Vous allez voir l'effet de son pouvoir magique.
(Il presse le ressort.)
(Une musique céleste se fait entendre.)

CHOEUR *invisible*.

Aladin, tout en ces lieux
Est soumis à ta puissance.
Parle... Dis quels sont tes vœux :
Nous te devons obéissance.

ALADIN, THÉMIRE et ZARINE.

O dieux! qu'entends-je! quels accens !
Qu'ils sont doux, qu'ils sont ravissans!
A peine je respire.
Quel trouble, quel délire,
S'empare de mes sens!

LE CHOEUR *reprend*.

Nous te devons obéissance.

ALADIN.

Se peut-il! tout en ces lieux
Est soumis à ma puissance!

Que mon destin est heureux!
Essayons de former des vœux :
Éprouvons leur obéissance.

  A vos chants mélodieux
    Tous les cœurs sont sensibles.
    Mais toujours à nos yeux
    Serez-vous invisibles?

(On aperçoit dans une gloire Isménor entouré de génies. Ils descendent peu à peu sur le théâtre, et ils reprennent le chœur :)

Aladin, tout en ces lieux, etc.

THÉMIRE, ZARINE, ALADIN.

Que d'éclat, de magnificence!

SCÈNE VI.

LES MÊMES, ISMÉNOR *qui paraît sur un char orné des attributs de la lumière.*

ALADIN.

Dieux! que vois-je!

ISMÉNOR.

    Celui dont tu sauvas les jours.
A ton généreux secours,
Aladin, je dois l'existence.
La loi suprême des destins
Mit des bornes à ma puissance :
Parfois, des vulgaires humains

ACTE I, SCÈNE VI.

Je prends la forme et l'apparence,
Et je deviens sujet à tous leurs maux.
Tu m'as sauvé de la fureur des flots.
D'un aussi grand bienfait reçois la récompense.
Désormais tu verras en moi
Un esclave soumis, fidèle.
Il suffit que ta voix m'appelle,
Pour que soudain j'arrive devant toi.

(AIR.)

Mais que ta lampe merveilleuse
Jamais ne passe en d'autres mains.
De sa lueur mystérieuse
Vont dépendre tes destins.
Quand la nuit déploira ses voiles,
Tu la verras s'allumer à l'instant :
Le feu dont brillent les étoiles
Est moins vif et moins éclatant.
Tremble que sa clarté ne vienne à disparaître.
Pour toi désormais plus d'espoir :
Un autre dans l'instant l'aurait en son pouvoir,
Et deviendrait mon maître.
Mais du souffle impur des humains
Elle n'a rien à craindre.
Aladin, tu peux seul l'éteindre,
Et ton bonheur est dans tes mains.

ALADIN.

O noble et puissant génie !
Nous embrassons tes genoux.

ISMÉNOR.

Un brillant avenir va commencer pour vous.

SCÈNE VII.

ALADIN, THÉMIRE, ZARINE.

ALADIN.

Et vous traitiez mon amour de folie !
Ma première pensée est pour mon Almasie.
Il me tarde déjà de paraître à la cour.
 Mais aux yeux de la princesse,
Avec magnificence il faut que je paraisse.
 (Aux génies.)
Disposez tout pour un aussi beau jour.

(Thémire, Zarine et Aladin sont conduits par deux génies dans la pièce voisine.)

SCÈNE VIII.

LES GÉNIES, LE CADI et sa suite au dehors.

LE CADI.

Allons, qu'on ouvre cette porte :
Allons, que tout le monde sorte.
Pour démolir on suit mes pas.
 Qu'on enfonce la porte,
 Puisqu'on ne répond pas.

ACTE I, SCÈNE VIII.

LES GÉNIES.

Arrête, téméraire!
De notre roi crains la colère.

LE CADI.

Eh quoi! l'on ose m'insulter!
La fureur me transporte.
Allons, qu'on enfonce la porte,
Puisqu'on ose résister.

(Ils enfoncent la porte et entrent.)

LES GÉNIES *entourent le Cadi et son escorte, et lèvent sur eux des épées flamboyantes.*

Arrête, téméraire!
De notre roi crains la colère.

LE CADI *et sa suite.*

Oh! juste ciel! c'est fait de nous.
Vous nous voyez à vos genoux.

(On entend le chœur suivant.)

CHOEUR.

Le sublime Aladin s'avance.
Sur la terre et les mers
Il étend sa puissance:
Il règne sur l'univers.

SCÈNE IX.

Les mêmes, ALADIN.

LE CADI *et sa suite.*

Oh ciel! c'est fait de nous.
(à Aladin.)
Vous nous voyez à vos genoux.

ALADIN, *richement vêtu.*

Quelle est cette vile poussière?

LES GÉNIES.

Seigneur, qu'ordonnez-vous de lui?

ALADIN.

Du pauvre tu venais renverser la chaumière,
Quand tu dois être son appui.

LE CADI.

Prince clément et magnanime!
Par quel moyen en ce jour
Puis-je réparer mon crime?

ALADIN.

Eh bien, retourne à la cour;
Et dis, que du fond de l'Asie,
Épris de la belle Almasie,
Je viens mettre à ses pieds mon sceptre et mon amour.

ACTE I, SCÈNE IX.

LE CADI.

Ah quelle grâce insigne!
Ah quel sublime honneur!
Moi, votre esclave indigne,
Je serais votre ambassadeur!

ALADIN.

Peux-tu remplir cette charge importante
Sous ces obscurs habits?
Non : ce n'est point ainsi que l'on me représente.
Qu'il soit couvert d'une robe éclatante,
Qu'il étincelle de rubis.

LE CADI.

Oui, seigneur, je vous obéis :
J'accepte l'or et les rubis.

ALADIN.

Avec lui qu'il emporte
Les plus riches présens :
Qu'on charge son escorte
D'or et de diamans.

(Le cadi sort.)

ALADIN.

A mes ordres qu'on obéisse.

LE CHOEUR.

Seigneur, nous voilà prêts.

ALADIN.

Que l'on me construise un palais,

Où la main des arts réunisse
Tout ce que l'Orient a de plus merveilleux.
Que la topaze y brille à côté du porphire ;
Que l'émeraude et l'or éblouissent les yeux ;
 Que tout dans mon vaste empire
 Retrace le séjour des dieux.

(Le fond du théâtre s'ouvre : on aperçoit dans le lointain la façade d'un magnifique palais étincelant de pierreries ; les marches sont couvertes d'une multitude, vêtue de la manière la plus brillante, qui semble attendre Aladin.)

ZARINE.

Quel spectacle brillant ! Regardez donc, ma mère.

LE CHOEUR.

Nous vous servons au gré de vos souhaits.
 Dites-nous, seigneur, ce palais
 A-t-il le bonheur de vous plaire ?
 Vous le voyez, on vous attend.

ALADIN.

Mettons-nous en marche à l'instant.

LE CHOEUR.

Le sublime Aladin s'avance, etc.

ACTE II.

Le théâtre représente une galerie du palais d'Almasie.

SCÈNE PREMIÈRE.

ALMASIE, ZULIME, LE CHOEUR, FEMMES.

LE CHOEUR.

Eh quoi! lorsqu'ici tout s'empresse
A célébrer un si beau jour,
Votre cœur, aimable princesse,
Répond par des soupirs aux accens de l'amour!

ZULIME.

Enfin à Timorkan votre cœur rend les armes.
Demain ce voile, aux regards des mortels
Ne dérobera plus vos charmes.

ALMASIE, *à part*.

Ah! du moins en ce jour il cachera mes larmes.

LE CHOEUR.

Déjà l'encens fume au pied des autels.
Puissent l'amour et l'hyménée
Embellir votre destinée!

ALADIN.

ALMASIE.

Conservez-moi toujours ce tendre attachement.
Je veux avec Zulime être seule un moment.
Allez...

CÈNE II.

ALMASIE, ZULIME.

ALMASIE.

Enfin, je puis t'ouvrir mon ame,
Et mes pleurs librement vont couler devant toi.
Non, Zulime, il n'est point de femme
Qui soit plus à plaindre que moi.

ZULIME.

Cet hymen glorieux....

ALMASIE.

Est un hymen funeste.

ZULIME.

Ce redoutable Timorkan...

ALMASIE.

Est un monstre que je déteste.
Le croirais-tu, Zulime, ce tyran
M'ose menacer pour me plaire.
Il a pris pour devise ou l'hymen ou la guerre.

ACTE II, SCÈNE II.

ZULIME.

Mais, quels sont vos projets?

ALMASIE.

Je recevrai sa main, Zulime :
Il faudra que je sois victime
De mon amour pour mes sujets.

(AIR.)

A mon destin je m'abandonne,
Un doux espoir fuit de mon cœur.
Hélas! l'éclat d'une couronne
Ne fait pas toujours le bonheur;
Ah! l'humble sort d'une bergère,
Est mille fois moins rigoureux;
Et du berger qu'elle préfère,
Elle peut couronner la tendresse et les vœux.
Quels coups affreux le sort me livre!
Pour moi, Zulime, plus d'espoir!
Non, non, je n'y pourrai survivre,
Mais j'aurai rempli mon devoir.

A mon destin etc....

Ah! Zulime, si d'un seul jour
Cet affreux hymen que j'abhorre
Pouvait se différer encore!...
Cette seule faveur ne l'obtiendrai-je pas?
Vain espoir! La trompette sonne :
Timorkan s'avance à grands pas.
J'entends les chants joyeux du peuple et des soldats.

L'image du plaisir en tous lieux m'environne,
Et je desire le trépas.

SCÈNE III.

Les mêmes, TIMORKAN, *suivi de soldats portant des trophées d'armes et vêtus en peaux de tigre ou d'animaux féroces.*

TIMORKAN.

Princesse, le peuple et l'armée
   M'ont nommé votre époux.
   Déjà la renommée
Annonce mon bonheur aux monarques jaloux.
Rendons-nous à l'autel : il y va de ma gloire.
   Oui, princesse, le jour
   Que je donne à l'amour,
Je le dérobe à la victoire.
Le farouche Amiskar ravage vos États.
   A le punir ma vengeance s'apprête :
   Demain je l'appelle aux combats,
Et demain à vos pieds j'apporterai sa tête.

ALMASIE.

   Ah! prince, dans ce jour de fête,
   Épargnez-moi ce spectacle odieux.
Que le sang des vaincus n'attriste point mes yeux;
A désarmer leurs bras bornez votre vengeance.
   Mais, une fois vainqueur,

ACTE II, SCÈNE III.

Qu'il ne reste dans votre cœur
De place que pour la clémence.

TIMORKAN.

Peu m'importe qu'ils soient soumis :
Dans le sang de mes ennemis
Je lavai toujours mes injures.
Princesse, voyez ces armures :
Elles couvraient des rois que mon bras a vaincus.
Ils m'ont osé combattre : ils ne sont plus.
De mon amour ces présens sont le gage,
Et je viens vous en faire hommage.

(AIR.)

Que tout fléchisse sous vos loix :
Venez partager ma puissance.
Les peuples tremblans à ma voix
Vont vous jurer obéissance.
A vos pieds vous verrez les rois.
Bannissez un éclat fragile :
Loin de vous ce luxe inutile :
C'est par l'or qu'on perd les États.
Le fer assure les conquêtes.
L'Orient ne doit voir au milieu de vos fêtes,
Pour courtisans que des soldats.
Mais à votre main, grande reine,
S'il était d'autres prétendans,
Qu'ils se présentent dans l'arène :
Pour combattre, je les attends.
Qu'aux champs périlleux de la gloire

Le glaive décide entre nous.
Puis-je douter de la victoire
Quand je vais combattre pour vous!

ALMASIE.

L'intérêt des peuples l'ordonne;
Et seul il doit me décider.
Recevez donc, seigneur, ma main et ma couronne...
C'est tout ce qu'en ce jour je puis vous accorder.

LE CHOEUR.

Venez, aimable Almasie,
Venez aux pieds des autels;
Et que des nœuds solennels
Embellissent votre vie.

SCÈNE IV.

Les précédens, LE CADI, *avec une suite muette.*

LE CADI.

Arrêtez, arrêtez,
Princesse; et vous, peuple, écoutez.
Un monarque puissant s'avance.
De sa magnificence,
Tous les peuples sont éblouis.
Il sème l'or et les rubis.

LE CHOEUR et LA REINE.

Ma surprise est extrême!

LE CADI.

Du sublime Aladin je suis l'ambassadeur.
Bientôt il paraîtra lui-même.
Il veut mériter votre cœur,
Et vous offrir son diadême.

ALMASIE.

Je respire. O bonheur!

TIMORKAN.

Je frémis...

ALMASIE.

J'espère.

TIMORKAN.

Quel est donc le téméraire
Qui m'ose braver ainsi?
Tremble, malheureux!

LE CADI.

Le voici.

SCÈNE V.

Les précédens, ALADIN et sa suite.

CHOEUR *de la suite d'Aladin.*

A notre roi rendons hommage!
Pour le chanter unissons-nous!
Semons des fleurs sur son passage;
Que l'air soit embaumé des parfums les plus doux.

TIMORKAN *et sa suite.*

J'ai peine à vaincre mon courroux....
Pourrions-nous souffrir cet outrage ;
Ce superbe étranger tombera sous nos coups.

CHOEUR *de la suite d'Aladin.*

A ce grand roi rendons hommage,
Pour le chanter unissons-nous ;
Semons des fleurs sur son passage,
Que l'air soit embaumé des parfums les plus doux.

ALADIN.

Jeune et belle Almasie,
J'ai quitté mes vastes États,
Et je viens du fond de l'Asie
Pour rendre hommage à vos appas.

AIR.

C'est l'amour seul qui dans ces lieux m'amène :
Nos trésors, nos cœurs sont à vous.
Nous venons rendre hommage à notre souveraine,
Et nous tombons à ses genoux.

CHOEUR *de la suite d'Aladin.*

Nous venons rendre hommage à notre souveraine,
Et nous tombons à ses genoux.

TIMORKAN.

Je me contiens à peine....

SUITE *de Timorkan.*

Prince, modérez-vous.

TIMORKAN.

Ah! qu'un pareil langage
Est digne de mépris.
Punissons son outrage.
(à Aladin.)
Étranger, sais-tu qui je suis?

ALADIN.

Non · je l'ignore, et ne veux point l'apprendre.

TIMORKAN.

Cent fois la renommée a dû te faire entendre
Le nom de Timorkan. Lui-même est devant toi.

ALADIN.

Ce nom jamais n'est venu jusqu'à moi.

TIMORKAN.

A tes dépens bientôt tu pourras le connaître.
Je punirai ce superbe dédain.
Je te défends d'aspirer à sa main:
Je suis son époux et son maître.

ALMASIE.

Ah! seigneur, attendez, pour en prendre les droits,
Que vous m'ayez soumise au joug de l'hyménée.

ALADIN.

Princesse, à recevoir ses lois,
Vous ne serez point condamnée.

TIMORKAN.

Il m'ose outrager !
Bientôt, ton insolence,
Téméraire étranger,
Aura sa récompense.

ALADIN.

Je brave ton courroux.

ALMASIE.

Du moins, en ma présence,
Princes, modérez-vous.

TIMORKAN.

Soldats, apprêtons-nous.
Pour laver cette injure,
Retournons dans mon camp.
Qu'aujourd'hui chacun jure
De venger Timorkan.

SUITE DE TIMORKAN.

Amis, apprêtons-nous, etc.

ALADIN, *suite d'Aladin.*

Reine, rassurez-vous :
Méprisez cette injure.
Qu'il retourne en son camp.
Ici chacun vous jure
De punir Timorkan.

SCÈNE VI.

Les mêmes, *excepté Timorkan et sa suite.*

ALADIN.

Ah! se peut-il que ce barbare
Ose aspirer à votre main!
Quoi! c'est pour lui que l'on prépare
La pompe d'un fatal hymen!

ALMASIE.

Seigneur, à ce guerrier farouche,
Lorsque j'immolais mon bonheur,
Je vous atteste que ma bouche
S'accordait mal avec mon cœur.
Mais des peuples souffrans j'ai vu couler les larmes :
Le cruel Timorkan occupe mes États ;
    Et ses innombrables soldats
    Répandent partout les alarmes.

ALADIN.

Ah! c'est à lui de trembler à son tour!

ALMASIE.

Seigneur, vous me rendez la vie.
Mais d'où vient que jusqu'à ce jour
Un nom si fameux en Asie
Était ignoré dans ma cour?

ALADIN.

C'est un secret d'une haute importance ;
A vous seule aujourd'hui je dois le découvrir.

(Toute la cour d'Aladin sort.)

A mes desirs ils se rendent d'avance.
On me devine aussitôt que je pense.
C'est ainsi qu'à ma cour je me fais obéir.

SCÈNE VII.

ALMASIE, ALADIN.

ALMASIE.

Ah ! prince, hâtez-vous de me dire
Où sont situés vos États ?

ALADIN.

Ma puissance s'étend sur de vastes climats.
Mais pour gouverner mon empire,
Je n'ai ni gardes ni soldats.
Point de discordes, point de guerres :
Tous les peuples y sont unis,
Et tous les hommes y sont frères.

ALMASIE.

Comment s'appelle ce pays ?

ALADIN.

C'est le royaume des chimères.

(DUO.)

Mais que m'importe ma grandeur !
Que m'importe ma couronne !
Pour obtenir votre cœur,
Ah ! sans regret je les donne.

ALMASIE.

Dois-je croire à tant d'amour ?

ALADIN.

Il me transporte, il m'enflamme.
Si vous lisiez dans mon ame,
Vous croiriez à tant d'amour.

ALMASIE.

Eh quoi ! vous arrivez à peine dans ma cour !

ALADIN.

L'apparence vous a trompée.
Vous m'y voyez dès long-temps.
De ma voix, de mes accens,
Quoi ! vous n'êtes point frappée ?
Rappelez-vous un malheureux pêcheur,
Brûlant d'amour, brûlant d'ivresse.
Il venait chaque soir vous peindre sa tendresse.

ALMASIE.

Non, ce n'est point une erreur.
Je reconnais la voix enchanteresse

Qui fit toujours battre mon cœur.
Quoi ! c'était vous...

ALADIN.

C'était moi-même.

ALMASIE.

Qui tous les jours...

ALADIN.

Bonheur suprême !
Il vous souvient du malheureux pêcheur.
Sous les habits de l'indigence,
Il vous chantait sa peine et sa constance.

ALMASIE.

Qu'à l'écouter j'éprouvais de douceur !

ALADIN.

Dans son brûlant délire,
Hier encore il osait dire :

Donne à mon amour
Un léger sourire ;
Que je puisse dire,
Encore un beau jour !

ALMASIE.

A peine je respire.
Quoi ! c'est vous qui veniez me dire :

(Ensemble.)

Donne à mon amour
Un léger sourire ;

ACTE II, SCÈNE VIII.

Que je puisse dire,
Encore un beau jour!

ALMASIE.

Mais nous sommes, Seigneur, dans un péril extrême.
Timorkan s'apprête aux combats.

ALADIN.

Je lui ferai savoir ma volonté suprême.
Princesse, il faut qu'aujourd'hui même
Il soit sorti de vos États.
Ne soyez point alarmée
Du nombre de ses soldats.
Isménor! que soudain paraisse mon armée.

Au bruit du clairon belliqueux
Que mes cohortes se rassemblent.
Que mes ennemis tremblent:
Je vais marcher contr'eux.

SCÈNE VIII.

(Ici le théâtre se couvre de génies armés.)

LES MÊMES.

ALADIN.

Soldats! la gloire nous appelle.
Le signal du danger fait tressaillir vos cœurs :
Marchons! et dans nos mains que le glaive étincelle.

Nous combattons pour la plus belle;
Nous reviendrons vainqueurs!

ALMASIE.

Partez pour les champs de la gloire;
Soyez vainqueurs, et dans ce jour
Nous célébrerons tour à tour
La fête de la victoire
Et la fête de l'amour.

LE CHOEUR *reprend*.

Soldats, la gloire nous appelle, etc.

ACTE III.

Le théâtre représente les portiques intérieurs du palais d'Aladin.

SCÈNE PREMIÈRE.

THÉMIRE, ZARINE ET CHOEUR DE FEMMES.

LE CHOEUR.

Belle Zarine, et vous, noble Thémire,
  Que l'espoir renaisse en vos cœurs.
  Bannissez les vaines terreurs
  Que Timorkan vous inspire.

THÉMIRE.

Que ne puis-je, ô mon fils, voler à ton secours!
  Dans les palais de l'opulence
  Le bonheur n'est donc pas toujours!
  Ah! sous le toit de l'indigence
  Je ne tremblais pas pour tes jours.

LE CHOEUR.

Belle Zarine, etc.

SCÈNE II.

Les mêmes, le CADI.

(On entend les cris de *vive Aladin*, etc.)

LE CHOEUR.

Grand dieu ! quels sont ces cris ?

LE CADI.

Ce sont les cris de la victoire.
Nous sommes triomphans de tous nos ennemis.
J'arrive tout couvert de gloire.

THÉMIRE.

Mon fils...

LE CADI.

Est un héros.
La bataille d'abord paraissait incertaine :
Nous avons soutenu de terribles assauts...
Mais Aladin paraît : il culbute, il entraîne,
Et la victoire enfin couronne nos drapeaux.

THÉMIRE.

Ne me trompez-vous point ? Mon bonheur est extrême.

LE CADI.

A l'affaire j'étais moi-même.
J'ai suivi votre fils ; et, pendant tout le jour,

Je ne l'ai point perdu de vue.
Du combat mieux que moi qui peut savoir l'issue ?
Je l'ai vu du haut de la tour.
Aladin vers ces lieux s'avance ;
Timorkan désarmé suit le char du vainqueur.
De tout côté l'on voit un peuple immense
Saluer son libérateur.

(AIR.)

Venez assister à la fête ;
Aladin va régner sur nous ;
La pompe de l'hymen s'apprête :
Venez, on n'attend plus que vous.
Un tendre fils qui vous révère,
Près de lui brûle de vous voir.
Quel beau moment pour une mère !
Que votre cœur va s'émouvoir !
(à Zarine.)
Et vous, la plus belle des belles,
Offrez, à tous les yeux ravis,
La légèreté des gazelles,
Et l'éclat divin des houris.

SCÈNE III.

LES MÊMES, TIMORKAN *désarmé*.

LE CADI.

La fortune vous abandonne,
Seigneur ; aux coups du sort il faut être soumis.

Aladin outragé combat ses ennemis ;
>Aladin triomphant pardonne.
>Demeurez libre au palais du vainqueur,
>Et rendez grace à sa clémence.
Vous serez aujourd'hui témoin de son bonheur,
>C'est là qu'il borne sa vengeance.

TIMORKAN.

Ciel ! ne suis-je donc point assez humilié !
>Quand le sort trahit mon courage,
>Esclave, épargne-moi l'outrage
>De ton insolente pitié.

LE CADI.

Rien ne peut triompher de son humeur sauvage ;
J'aurais beau lui parler, il ne me comprend pas.
>(à Thémire et à Zarine.)
Le temps presse : à l'autel daignez suivre mes pas.

SCÈNE IV.

TIMORKAN, seul.

(RÉCITATIF.)

Est-ce bien Timorkan, est-ce moi qui succombe ?
>Par cent victoires affermi,
>Vainqueur de tous les rois, je tombe
>Sous les coups d'un faible ennemi !

ACTE III, SCÈNE IV.

Et pour comble d'outrage, il m'accorde la vie!
Je ne saurais survivre à tant d'ignominie.

(AIR.)

Tous les tourmens sont dans mon cœur;
Le monde entier m'est en horreur;
J'ai tout perdu, force, puissance :
Hélas! il me faut renoncer
Même à l'espoir de la vengeance.

CHOEUR *souterrain chanté par les esprits ténébreux.*

Timorkan! garde l'espérance.
L'instant de la vengeance
Va bientôt commencer.

TIMORKAN.

De quelle douce espérance
Les esprits ténébreux viennent-ils me charmer!
Désir de la vengeance,
Ah! reviens m'enflammer!

(On entend dans le lointain le chœur suivant :)

Gloire à notre souveraine!
Gloire à son illustre époux!
Dans le lien qui les enchaîne,
Qu'ils goûtent à jamais les plaisirs les plus doux!

TIMORKAN.

Illusion fatale!
Je me flattais en vain.
Déjà j'entends la marche triomphale
De l'heureux Aladin.

CHOEUR D'ESPRITS TÉNÉBREUX *paraissant sur le théâtre.*

Au centre de la terre
Viens ! descends avec nous.
Un rival téméraire,
Va tomber sous tes coups.

TIMORKAN.

Au centre de la terre
Je descends avec vous, etc.

(Ils disparaissent.)

SCÈNE V.

ALADIN, ALMASIE, THÉMIRE, et ZARINE, *entourés et suivis de leur cour et du plus brillant cortège.*

CHOEUR.

Gloire à notre souveraine !
Gloire à son illustre époux !
Dans le lien qui les enchaîne,
Qu'ils goûtent à jamais les plaisirs les plus doux !
Que partout l'on s'empresse
De rendre hommage aux dieux ;
Chantons les hymnes d'allégresse :
Qu'ils montent jusqu'aux cieux !

ALADIN, *à Almasie.*

Belle Almasie,

ACTE III, SCÈNE V.

Les plus doux nœuds
Vont pour la vie
Nous rendre heureux.

ALMASIE.

Les plus doux nœuds
Vont pour la vie
Nous rendre heureux.

ALADIN.

Mon cœur fidèle
Jure en ce jour
Flamme éternelle,
Constant amour.

ALMASIE.

Mon cœur fidèle, etc.

ALADIN.

Belle Almasie, etc.

ALMASIE et ALADIN.

Les plus doux nœuds
Vont pour la vie
Nous rendre heureux.

CHŒUR.

Tendres amans, les plus doux nœuds, etc.

(Aladin et Almasie montent sur un trône de pierreries.)

Ici, une fête brillante où toutes les danses voluptueuses de l'Orient s'exécutent tour à tour.

ZARINE.

Air dansé.

Venez, charmantes bayadères,
Venez, enfans de la gaîté;
Commencez vos danses légères,
Images de la volupté.
Et vous, sur la lyre sonore,
Venez, chantres mélodieux,
D'une reine que l'on adore
Célébrer l'hymen glorieux.
Que dans ces beaux lieux retentissent
Vos doux et ravissans accords;
Que tous les cœurs se réunissent,
Pour faire éclater leurs transports.

(Après la fête.)

LE CADI.

Le soleil descend dans la plaine;
Sa brillante clarté disparaît à nos yeux;
Et la nuit, sur un char d'ébène,
Voile son front mystérieux.
Demain, quand la naissante aurore
Aura rougi le ciel du feu de ses rubis,
Notre reine, plus belle encore,
Daignera se montrer à nos yeux éblouis.
(à Thémire.)
Vous, sa nouvelle mère,
Ne l'abandonnez pas;

ACTE III, SCÈNE V.

Au temple du mystère
Accompagnez ses pas.
Dans un réduit silencieux et sombre,
Que la pudeur dérobe au jour :
A la faveur de l'ombre,
L'hymen fera tomber le voile de l'amour.

CHOEUR, *en sortant*, *à Almasie*.

Venez, dans le réduit silencieux et sombre,
Que la pudeur dérobe au jour ;
A la faveur de l'ombre,
L'hymen fera tomber le voile de l'amour.

(Le Cadi et Aladin sortent du côté opposé.)

ACTE IV.

Le théâtre représente un appartement dont les murs sont de cristaux et de pierres précieuses. Il est éclairé par un demi-jour.

SCÈNE PREMIÈRE.

ALADIN, LE CADI.

ALADIN.

Le voici donc le séjour enchanté
Où je verrai ma divine Almasie !
   Ah ! par la tendre volupté
   Cette retraite fut choisie.
Viendra-t-elle bientôt ?

LE CADI.

         Seigneur, dans un moment.
Mais d'abord, apprenez comment
Avec elle en ces lieux vous devez vous conduire.
   C'est à moi de vous en instruire.

ACTE IV, SCÈNE I.

ALADIN.

On me l'a dit. Le droit si doux
De dévoiler une vierge timide,
Appartient à l'heureux époux
Pour qui son cœur se décide.
Je vais enfin voir ses divins appas.

LE CADI.

Précisément, vous ne les verrez pas.
C'est loin des yeux du monde,
Dans une nuit profonde,
Que vous devez la dévoiler.
Durant toute la nuit vous pourrez lui parler :
Mais jusqu'au jour il faut attendre,
Pour voir tous ses attraits.

ALADIN.

Un tel usage a droit de me surprendre.

LE CADI.

Tels sont nos sublimes décrets.
C'est une loi fort bien imaginée.
Aux femmes que l'on ne voit pas,
Jusqu'au moment de l'hyménée,
On peut supposer des appas.

ALADIN.

Ah! cette loi n'a rien qui m'épouvante.
Un doux mystère est propice aux amours.
D'ailleurs, je sais qu'Almasie est charmante.

LE CADI.

Une princesse l'est toujours ;
Ainsi vous n'avez rien à craindre.
Mais vous devez, seigneur, obéir à la loi.
Ce qu'elle ordonne au peuple, elle l'ordonne au roi :
Plus on a de puissance, et moins on doit l'enfreindre.
La nuit a chassé le jour ;
Dans un profond silence,
Tremblante de crainte et d'amour,
Votre jeune épouse s'avance.
Mettez bien à profit des instans aussi doux ;
Et que le ciel veille sur vous !

SCÈNE II.

ALADIN *seul, prenant sa lampe.*

O toi qui fais ma puissance,
Doux talisman de mon bonheur !
Que je te presse sur mon cœur !
(Il la pose sur un trépied qui se trouve au fond du théâtre.)

SCÈNE III.

(Le théâtre est dans une profonde obscurité.)

ALADIN, ALMASIE *couverte de la robe nuptiale telle que la portent les femmes de l'Orient;* **THÉMIRE** ET SUITE D'ALMASIE.

CHOEUR.

A l'ombre du mystère,
Princesse, approchez-vous;
Et, des mains d'une mère,
Recevez un époux.
Partons, retirons-nous.

SCÈNE IV.

ALMASIE, ALADIN.

ALADIN.

Almasie! est-ce toi?

ALMASIE.

        Cher Aladin, je tremble.

ALADIN.

Bannis un vain effroi.

Dans son temple charmant le bonheur nous rassemble :
　　Me voilà près de toi.
Que la jalouse nuit me dérobe de charmes !

ALMASIE.

Ah ! je ne suis pas sans alarmes.

ALADIN.

Abandonne ce voile aux transports d'un époux.
　　Sans que ta pudeur s'effarouche
J'entendrai mieux les mots échappés de ta bouche.
Ils seront pour mon cœur plus tendres et plus doux.

ALMASIE.

Je suis tremblante.

ALADIN.

O nuit charmante !

(Ici la lampe merveilleuse s'allume, et jette dans l'appartement une clarté vive et brillante qui réfléchit, dans toutes les glaces dont il est orné, l'image d'Almasie et d'Aladin.)

ALMASIE.

Quelle clarté soudain vient briller à mes yeux !
　　Quelle flamme éblouissante !

ALADIN.

Ah ! j'avais oublié dans mon ardeur brûlante
Les magiques effets de ce don merveilleux !

(DUO.)

ALMASIE.

Expliquez-moi.

ACTE IV, SCÈNE IV.

ALADIN.

Que puis-je dire!

ALMASIE.

Cher Aladin, je veux savoir.....

ALADIN.

Non : ce n'est point en mon pouvoir.

ALMASIE.

Parlez, ou je me retire.

ALADIN.

Que répondre! Cruel devoir!
O ma chère Almasie!
Voici donc le moment le plus doux de ma vie.
Parais aux yeux de ton époux.

ALMASIE.

Arrêtez : y pensez-vous?

ALADIN.

Ah! je vous en supplie,
Princesse, écoutez-moi.

ALMASIE.

Songez à notre sainte loi.

(ENSEMBLE.)

ALMASIE, *à part.*

Il persiste à se taire.
Je ne sais que penser;

D'un semblable mystère
Mon cœur doit s'offenser.

ALADIN, *à part*.

Hélas! je dois me taire.
Que va-t-elle penser?
Par ce cruel mystère,
Je crains de l'offenser.

ALADIN.

Ne me refusez pas la faveur que j'implore;
Cédez à mon ardent amour.
Pour paraître à mes yeux, de la naissante aurore
N'attendez pas le retour.

ALMASIE.

Que cette clarté disparaisse;
Ou je fuis loin de ce séjour.

ALADIN.

Ah! de grâce, princesse,
N'exigez pas....

ALMASIE.

Plus de retards;
Qu'elle disparaisse, ou je pars.
Songez à notre loi suprême!
La mort me frappe à l'instant même,
Si je réponds à votre amour.

ALADIN.

Grands Dieux! perdre celle que j'aime!
Plutôt cent fois perdre le jour.

ACTE IV, SCÈNE IV.

ALMASIE.

Adieu.

ALADIN.

Restez...

ALMASIE.

Non.

ALADIN.

Ciel! que dois-je faire?
Eh bien il faut vous satisfaire ;
Et j'aime mieux me perdre sans retour,
Que de voir un instant soupçonner mon amour.

(Ici Aladin éteint la lampe, et va s'emparer du voile de la princesse ; mais à peine il l'a dans les mains, qu'un bruit souterrain se fait entendre. Timorkan et les génies des ténèbres sortent de dessous le théâtre avec des torches ; l'un d'eux s'empare de la lampe, et la remet à Timorkan.)

ALMASIE.

Je me meurs....

(CHOEUR D'ESPRITS TÉNÉBREUX.)

ALMASIE.

Aladin, ton bonheur n'a duré qu'un moment !
Plus d'éclat, plus d'espoir, tout rentre dans le néant.
Je me meurs !

ALADIN.

O ma chère Almasie!
En te perdant, je vais perdre la vie.

(L'appartement disparaît soudain au milieu des nuages qui couvrent le théâtre de toutes parts.)

ACTE V.

Le théâtre représente une salle de bronze du palais de Timorkan.

SCÈNE PREMIÈRE.

ALMASIE, (ISMÉNOR, *au fond du théâtre.*)

ALMASIE.

Que mes sens sont émus !
Ah malheureuse ! où suis-je ?
Par quel prodige
Me trouvé-je en des lieux qui me sont inconnus !
Hier... dans mon palais.... Aladin.... Est-ce un songe ?
Flatteuse illusion ! trop séduisante erreur !
Mon hymen, mon bonheur,
Tout n'était que mensonge.
Mais.... où sont mes femmes, ma cour ?
Me voilà seule, abandonnée.
Dans ce triste séjour,

ACTE V, SCÈNE I.

Qui m'a donc amenée ?
Je succombe à ma douleur :
La force m'abandonne.
Ne trouverai-je donc personne
Qui compâtisse à mon malheur?

(A Isménor qui se présente à elle.)

Ah! qui que vous soyez, d'une femme tremblante
Écoutez la voix suppliante.
De grâce, apprenez-moi qui commande en ces lieux?

ISMÉNOR.

Timorkan.

ALMASIE.

Timorkan, grands dieux!
Ce tyran....

ISMÉNOR.

Va paraître.

ALMASIE.

Quoi! ce monstre....

ISMÉNOR.

Est mon maître.

ALMASIE.

Et que fait Aladin?

ISMÉNOR.

Hélas! il va périr.

ALMASIE.

Je me meurs....

ISMÉNOR.

Tout son crime
Fut de trop vous chérir.
De son amour il meurt victime.
Le merveilleux talisman
Qui seul faisait sa puissance,
Est, par son imprudence,
Entre les mains de Timorkan.
Ainsi donc, Aladin s'est perdu pour vous plaire.
De son destin à peine il a joui.
Avec la flamme tutélaire,
Son bonheur s'est évanoui.

ALMASIE.

Et je le perds! infortunée!...
Sauvez-le du trépas!

ISMÉNOR.

Je ne puis désormais changer sa destinée.
Au talisman la mienne est enchaînée.
De Timorkan partout je dois suivre les pas.
Vous seule vous pouvez, princesse,
Lui ravir ce don précieux.
La force est inutile, employez donc l'adresse.
Mais je m'éloigne de ces lieux;
Timorkan m'appelle.

Songez à votre époux. Ah! d'une mort cruelle
    C'est à vous de le préserver.
L'Amour seul l'a perdu; l'amour doit le sauver.

SCÈNE II.

ALMASIE, *seule*.

L'amour doit le sauver !... Il m'inspire, il m'enflamme
    Oui, je sens au fond de mon âme
    Qu'il m'élève au-dessus de moi.
    Bannissons la crainte et l'effroi:
    Armons-nous d'un nouveau courage.
Lorsque pour Timorkan la haine est dans mon cœur,
    Afin de tromper sa fureur,
De l'amour, s'il le faut, empruntons le langage.
Aux périls les plus grands dussé-je m'exposer,
        Oui, je veux tout oser.
        Cher époux, dans ce jour funeste,
        Si je ne puis changer ton sort,
            Avec toi, je le proteste,
            Je veux marcher à la mort.

SCÈNE III.

TIMORKAN et sa suite, ALMASIE, LE CADI.

TIMORKAN.

Vous voilà donc en ma puissance,
Princesse; plus de résistance.
Recevez aujourd'hui ma couronne et ma main.
J'ai démasqué l'imposteur Aladin.
Sorti d'une obscure chaumière,
Il osait élever ses regards jusqu'à vous:
Il est rentré dans la poussière.
Rien ne peut le sauver de mon juste courroux.

ALMASIE.

Pardonnez à mon trouble extrême,
Prince: dans ce cruel moment,
Hélas! je m'ignorais moi-même.
D'un fatal enchantement
J'étais l'innocente victime;
Et ma seule erreur fut mon crime.

TIMORKAN.

Il apprendra bientôt l'arrêt que j'ai porté.
(Au cadi.)
C'est toi, son agent, son complice,

ACTE V, SCÈNE III.

Que je charge de son supplice.
Que du haut de la tour il soit précipité.

LE CADI.

Seigneur, je suis soumis à votre volonté.
Un certain charme aussi m'attire
Toujours vers l'autorité.

ALMASIE, *à part.*

Osons tenter ce que l'amour m'inspire.

TIMORKAN, *à Almasie.*

Ainsi donc, le sort d'Aladin
N'afflige pas votre tendresse?
Comment se peut-il que soudain?....

ALMASIE.

Ah! je rougis de ma faiblesse.
Épargnez-moi, de grâce, un cruel souvenir
Que pour toujours je veux bannir.
Je vous l'ai dit : un charme irrésistible
M'attirait vers cet étranger;
Il s'est évanoui comme un songe léger.

TIMORKAN, *à part.*

Qu'entends-je! est-il possible!
Ce talisman merveilleux
Aurait-il le pouvoir de rendre un cœur sensible?
Serais-je donc heureux?

ALMASIE.

J'éprouve en ce moment un trouble involontaire.
Quel changement soudain, seigneur, s'est fait en moi?
Votre air me semble moins sévère :
Ce terrible regard me cause moins d'effroi.

TIMORKAN.

Puisqu'enfin j'ai l'art de vous plaire ,
Dès aujourd'hui je serai votre époux.

(DUO.)

(ENSEMBLE.)

ALMASIE, *à part.*

Affreux tourment! peine cruelle!
Ah! quelle épreuve pour mon cœur!

TIMORKAN, *à part.*

Est-ce bien moi? Je sens pour elle
Naître le trouble dans mon cœur.
L'amour serait-il mon vainqueur!

Reine, soyez sans alarmes,
Et restez en paix dans ma cour :
Vous y pourrez trouver des charmes ;
Je ne suis pas insensible à l'amour.

ALMASIE.

Que j'aimerais à vous croire!
Soyez sûr qu'Almasie est sensible à la gloire,

ACTE V, SCÈNE III.

Si Timorkan l'est à l'amour.

(A part.)

Affreux tourment! peine cruelle!
Ah! quelle épreuve pour mon cœur!

TIMORKAN, *à part.*

Est-ce bien moi? Je sens pour elle
Naître le trouble dans mon cœur.
L'amour serait-il mon vainqueur!

ALMASIE.

Je cède au charme qui m'entraîne.
Oui, je partagerai vos glorieux travaux;
Et si vous êtes roi d'un peuple de héros,
J'aspire à mériter le titre de leur reine.
Que le casque des guerriers
Pare mon front à l'instant même.
A l'avenir, pour diadême,
Je ne veux plus que des lauriers.

(On lui pose un casque sur la tête.)

TIMORKAN.

Dieux! que vois-je! qu'elle est belle!
Peuples, soldats, devant elle
A l'instant prosternez-vous.
A la servir mettons tous notre gloire :
C'est la victoire
Qui vient habiter parmi nous.
Peuples, soldats, prosternez-vous :

Vous me voyez à ses genoux.
(Tous se prosternent.)

ALMASIE, *levant les yeux au ciel.*

O dieux ! conservez mon époux !

TIMORKAN.

Mais tout est prêt pour la pompe sacrée:
La coupe nuptiale au temple est préparée.
Qu'on l'élève sur le pavoi ;
Que sur ses pas éclate l'allégresse ;
Qu'à tous les yeux elle paraisse
Aussi belle que je la vois.

TOUS, *en partant.*

A l'adorer mettons tous notre gloire.
Et sur ses pas empressons-nous.
C'est la victoire
Qui vient habiter parmi nous.

ALMASIE, *sur le pavoi.*

O dieux ! conservez mon époux.

SCÈNE IV.

LE CADI, seul.

Ah ! comme de langage
Elle a changé soudain !

Le voilà bien ce sexe inconstant et volage !
Mais je vois approcher le coupable Aladin.

SCÈNE V.

ALADIN, *amené par des gardes*, *et le* CADI.

ALADIN.

C'en est fait, plus d'espérance !
Le sort m'accable de ses coups.
Suis-je au terme de ma souffrance ?
(Aux gardes.)
Parlez.... Où me conduisez-vous ?
(Les gardes lui montrent le cadi.)
C'est vous, cadi.... Que fait la reine ?

LE CADI.

Hélas ! que voulez-vous savoir ?
Cruel moment ! fatal devoir !
Faut-il augmenter votre peine !

ALADIN.

Je vous entends : j'ai causé ses malheurs :
C'est moi qui fais couler ses pleurs.

LE CADI.

Ses pleurs... Je n'entends rien, seigneur, à ce langage.
Dans d'autres nœuds elle s'engage :

Timorkan a reçu ses vœux.
Elle est au temple, et d'un peuple nombreux
  Elle reçoit l'hommage.
  On n'aperçoit sur son visage
  Aucune trace de regrets.
La joie et le bonheur brillent sur tous ses traits.

ALADIN.

  A peine je respire....
Elle a trahi son époux!

LE CADI.

  Ah! je n'ose vous dire
Avec quel froid mépris elle a parlé de vous.
Vous êtes malheureux, elle vous abandonne.
Mais c'est de moi, seigneur, qu'il faut plaindre le sort.
  Mon maître Timorkan m'ordonne
  De vous préparer à la mort.

ALADIN.

La mort est ma seule espérance;
Je l'envisage sans effroi:
C'est le terme de ma souffrance;
Comme un bienfait je la reçoi.

(AIR.)

Séparé de mon Almasie,
  Que ferais-je de la vie?
Ce serait tous les jours mourir.
Dans les chagrins, dans les alarmes,

ACTE V, SCÈNE VI.

Dans les ennuis et dans les larmes
Il faudrait tous les jours languir :
Ce serait tous les jours mourir.
Dis-lui.... que trahi par elle,
Mon cœur lui reste fidèle,
Qu'il brûle des mêmes feux ;
Et lorsqu'elle m'abandonne,
Dis-lui que je lui pardonne,
Et qu'elle a mes derniers vœux.

(On entend une multitude de voix confuses et un bruit d'armes derrière le théâtre.)

Quel est ce bruit ?

LE CADI.

L'heure fatale sonne.
O comble de douleur !
C'est celle du trépas.

(Les gardes entrent dans l'appartement.)

SCÈNE VI.

Les mêmes, ISMÉNOR et gardes.

ISMÉNOR.

C'est celle du bonheur.

SCÈNE VII.

Le théâtre change et représente le palais de la Lumière. Au fond est un soleil mouvant. Almasie est sur un trône. Auprès d'elle sont Zarine, Thémire entourées d'une cour brillante.

ISMÉNOR *sur le devant de la scène.*

L'amour causa tes maux, l'amour est ton vengeur !

ALADIN *troublé.*

Se peut-il !

ISMÉNOR.

Almasie offrant avec courage,
A ton rival un merveilleux breuvage,
Au redoutable Timorkan
Vient d'arracher le talisman.

ALMASIE *se découvrant.*

Aladin ! ah ! combien j'ai tremblé pour ta vie !

ALADIN.

Je la dois à mon Almasie.

ALMASIE.

Tu ne la perdais que pour moi.

ALADIN, *à Isménor.*

O noble et puissant génie !

ACTE V, SCÈNE VII.

ISMÉNOR.

Jouis de ta félicité,
Et des mains d'Almasie accepte la couronne.
Ce prix si doux, l'amour l'a mérité,
Et c'est la beauté qui le donne.

LE CHOEUR *s'inclinant*.

Astre brillant de l'univers !
O toi qui règnes dans le monde
Sur mille peuples divers !
Répands ta clarté féconde.
D'un éclat toujours nouveau,
Embrase les cieux et la terre ;
Et qu'aux rayons de ta lumière,
L'Amour allume son flambeau !

(Le spectacle finit par un divertissement général.)

FIN.

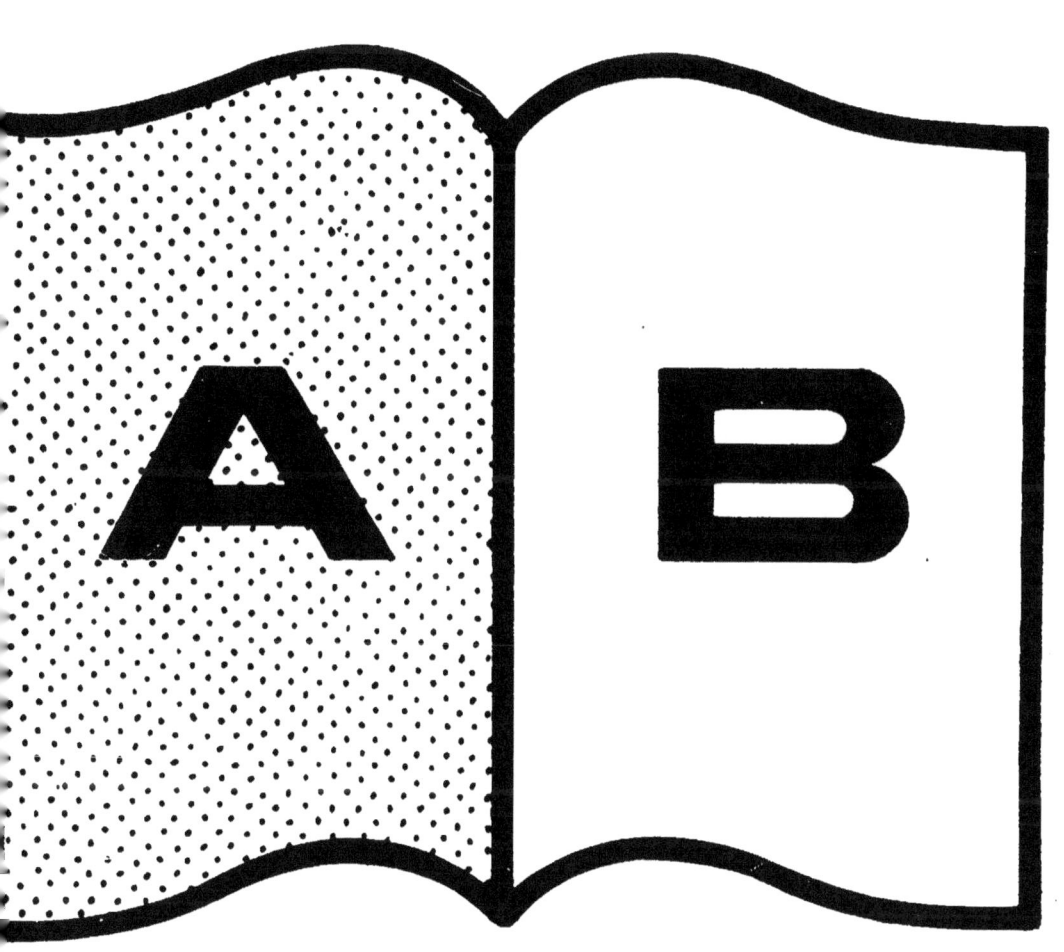

Contraste insuffisant

NF Z 43-120-14

www.ingramcontent.com/pod-product-compliance
Lightning Source LLC
LaVergne TN
LVHW020947090426
835512LV00009B/1744